Gerhard Vilmar

Innenwelten
Der Fremde / Camus
Eine szenische Annäherung

Herstellung und Verlag: BoD - Books on Demand,
Norderstedt
ISBN: 9783739214825

Oktober 2017

Umschlagbild:
Oswald Tschirtner (1920 – 2007), Maria Gugging

Bibliografische Information der Deutschen Bibliothek:
Die Deutsche Bibliothek verzeichnet diese Publikation in
der Deutschen Nationalbibliografie; detaillierte
bibliografische Daten sind im Internet unter
http:/dnb.ddb.de abrufbar.

Fremd bin ich eingezogen,
fremd zieh ich wieder aus.

Wilhelm Müller: Winterreise

Die Welt ist ohne Bedeutung, und wer
das erkennt, erringt seine Freiheit.

Albert Camus: Caligula

1

Die Welt ist mir fremd.
Ich bin mir selbst ein Fremder.

Auch im Angesicht des Todes.

Ich möchte, dass ihr das wisst.
Ihr, die ihr über mich urteilt.
Ich denke, dass ihr über mich mehr wisst als ich über
mich.
Aber vielleicht bin ich euch auch fremd.
Ich weiß das nicht, denn ich kenne eure Gedanken nicht.
Und ich kann eure Gefühle nicht lesen.

Ich bin mit dem Wahrnehmen beschäftigt, dem
Verstehen-Wollen.
Ich möchte das Unbegreifliche begreifen: das Leben, das
Miteinander, die Gefühle.
Wie kann das gelingen?

Erinnerungen haben keinen Bestand.
Ich war immer von dem beansprucht, was gleich geschehen würde,
vom Heute oder vom Morgen.

Ich versuche, mir aus allerlei Beobachtungen ein Bild zu
machen.
Von den Menschen und ihrem Denken, von ihrem
Fühlen und Wollen.
Ich versuche, die Welt zu verstehen, wie sie ist.

Doch die Welt erschließt sich mir nicht.
Ich habe kein passendes Instrument, um die Welt zu
erfassen.

Es ist mir eine unverständliche Welt - in der ich stets ein
Fremder blieb.
Ich bin dem Leben fremd geblieben.
Das Leben ist mir fremd geblieben.

So wie mir auch der Araber fremd geblieben ist.
Der Araber, den ich getötet habe, so hat man mir
berichtet, sei Lastenträger gewesen.
Ich kenne jetzt seinen Namen, denn er wurde in der
Verhandlung erwähnt.
Er hieß Moussa.
Aber sein Name bringt kein Gefühl mit sich.
Er hat keine Spur in meinem Kopf hinterlassen.

Er ist ein Einzelwesen geblieben, auch im Prozess.
Man hat ihm keine Familie gegeben.
Mir hat man auch keine Familie gegeben, nur eine tote
Mutter.

Zwei Solitäre.

So werde ich hier auch behandelt.
Wie ein unverständlicher Einzelner.
Ein gottloser Mörder.

Ich kann keinen Gott in mir finden.
Ich bereue meine Tat nicht sehr.
Ich kann einsehen, dass man nicht töten soll.
Doch für diese Einsicht braucht es keinen Gott.

Vielleicht habe ich als Kind einmal in den Himmel
gerufen, habe Gott angerufen.
Ich weiß es nicht mehr.

Gott hat nie geantwortet.
Weil es ihn nicht gibt?
Hat sich die Welt von Gott verabschiedet?
Oder hat Gott, falls es ihn je gab, der Welt den Rücken
zugekehrt?

Ich kann dazu nichts sagen.
Ich habe mich mit dieser Frage auch nie wirklich
auseinander gesetzt.
Warum auch?
Das ist mir alles zu hypothetisch.
Da sind zu viele Unbekannte in der Gleichung.

Der Untersuchungsrichter hat mich gefragt, ob ich an
Gott glaube.
Kann man diese Frage nicht auch umdrehen?
Wenn es ihn gibt: glaubt Gott an mich?
Hat er mir irgendwie zu erkennen gegeben, dass er an
mich glaubt?

Dass er daran glaubt, dass ich den rechten Weg
einschlage?
Dass ich dem Leben etwas gebe?
Dass sich von der Welt etwas Gutes in mir abbildet?
Dass ich etwas Gutes auf dieser Welt hinterlasse?
Dass ich Vertrauen und Zuversicht haben kann und
geborgen bin?

Hat sich Gott mir gegenüber je geäußert?
Ich habe keine Zeichen empfangen.

Dem Anstaltsgeistlichen habe ich es gesagt:
*Nichts, nichts ist von Bedeutung … während dieses ganzen
absurden Lebens.*

Ich habe mich nie eingebettet gesehen in einen Glauben,
in eine Hoffnung, in eine Aussicht auf etwas Gutes oder
gar Ungewöhnliches.

In dieser Welt habe ich gelebt, wie ich früher zu Hause
gelebt habe, in der Familie:
ohne einen Bezugspunkt, beschäftigt mit der Ordnung
des täglichen Lebens.
So war es in Paris, so war es in Algier.
So ist es jetzt.

Darin bin ich vielleicht dem Araber ähnlich - denke ich.

Wir sind beide Kinder der Kargheit – innerer und
äußerer Kargheit.
Wir sind beide hineingeboren worden in dieses Leben
und scheiden mit ein wenig zeitlichem Abstand aus
diesem Leben wieder aus – durch ein gewaltsames Ende.

Vielleicht wird sein Tod betrauert.
Was meinen Tod betrifft, so bin ich mir nicht sicher, ob
mich jemand betrauern wird.
Vielleicht würde meine Mutter meinen Tod betrauern,
wäre sie noch am Leben.
Das kann ich nicht sagen, ich habe sie nie weinen
gesehen.
Ich habe sie auch nie lachen gesehen.
Sie war immer ernst; ernsthaft mit der Sache des
Überlebens beschäftigt.
Ich habe sie ohne Gefühle erlebt.

Waren meine Mutter und ich verbunden?
Hat meine Mutter mich geliebt?

Woran kann man das erkennen, Mutterliebe?
Was könnte ich fühlen?
Wie könnte ich das fühlen?
Wo in meinem Körper könnte ich dieses Gefühl
wahrnehmen?

Die Mutter und ich, wir sprachen miteinander, natürlich.
Über das Alltägliche.
Über die Vergangenheit sprachen wir nie.
Auch nicht über die Zukunft.
Wir waren immer in der Gegenwart.
Wir waren immer mit dem beschäftigt, was gerade zu tun
war.
Wir haben uns nie darüber ausgetauscht, wie wir etwas
empfunden haben.

*Als Mama noch zu Haus war, verbrachte sie ihre Zeit damit, mir
schweigend mit dem Blick zu folgen.*
Sie hatte mir seit langem nichts zu sagen.

Man hat nur eine Mutter, hat Céleste gesagt.

Woran erkennt man eine Mutter?
Ich kann dazu nichts sagen.
Es ist so, dass ich nie viel zu sagen habe.

Die Mutter hat sich von der Welt abgewandt, als der
Vater ging.
Ich war noch sehr jung, damals.

Sie hat dann nur noch mechanisch gelebt.
Aber vielleicht war sie schon vor dem Verschwinden
meines Vaters so:
gedämpft und unbeeindruckt; schweigsam und
verschlossen; die Trauer verbergend.
Ein einfaches Dasein - gleichgültig und naiv.

Ein nackter Mensch.
Eine sprachlose Mutter.
Ein verlorener Vater.
Ein trostloses Heim.
Ein lärmendes Schweigen.
Eine unendliche Leere.

Wir haben nicht geweint.
Wir haben nicht gestritten.
Wir haben nicht gelacht.
Wir haben das Leben abgelebt.
Ohne Fragen, ohne Widerspruch.

Was bringt das Weinen?
Erleichterung?
Können Tränen helfen?

Der Ankläger fragte Pérez, *ob er mich wenigstens hätte weinen sehen. Pérez hat verneint.*

Vielleicht gab es irgendwo in mir sogar einmal eine Sehnsucht nach Traurigkeit.
Vielleicht ist das mein großes Unvermögen.
Ich kann das nicht beurteilen.
Ich kann mich nicht erinnern, je geweint zu haben - auch als Kind nicht.

Nur beim höhnischen Lachen des Staatsanwalts hatte ich *das unsinnige Bedürfnis zu weinen, weil ich gespürt habe, wie sehr ich von all diesen Leuten verabscheut wurde.*

Wahrscheinlich habe ich gar nicht gelernt, wie das mit
den Gefühlen ist.
Wie man sich aufeinander bezieht.
Wie eine Beziehung zu anderen Menschen mit Leben
erfüllt werden kann.
Wie das Leben mit Beziehung gefüllt werden kann.

Marie hat mich gefragt, *heiratest du mich?*
Der Staatsanwalt nannte sie meine *Geliebte.*
Das Wort habe ich nicht verstanden.
Ein Wort ohne Sinn für mich.
Die Glut des Begehrens - Worte ohne Inhalt.

Leide ich an einer *Leere des Herzens,* wie sie sagen.
Bin ich *eine verhärtete Seele,* die alle Menschen auf Distanz
hält?

In Marie sah ich wohl eine neue Möglichkeit.
Durch sie wurde mir bewusst, dass vielleicht etwas fehlt –
in mir, in meinem Leben.
Etwas, das Marie mir vielleicht hätte beibringen können:
wie Leben sein kann.
Marie sagte mir immer wieder, *man müsste hoffen.*

Bin ich berührbar?

Der Nächste ist ein weit entfernter Fremder –
unerreichbar.
Ich bin dem Nächsten ein Fremder – unverständlich.

Wer hat in meinem Herzen eine Spur hinterlassen?
Marie?
Die Mutter?

Haben Sie Ihre Mutter geliebt? Hat der Untersuchungs-
richter gefragt.
Wie man seine Mutter liebt – habe ich geantwortet.
Aber wie liebt man seine Mutter?
Ich weiß es nicht.

Eine Frau versuchte mir das Glück zu bringen.
Eine andere brachte mir das Unglück.
Ich habe keine verstanden.

Ich bin erstaunt, über was Frauen reden können.
Es ist aufregend.
Und es ist *anstrengend, mit den Frauen zu sprechen.*
Sie sind so anders.
So anders wie meine Mutter.

Ich habe es wohl nie gelernt, das Nachspüren.
Ich kann mich nicht erinnern, dass wir das früher
gemacht hätten.
Dass wir darüber gesprochen hätten, wie sich etwas
anfühlt.
Wir haben den Alltag wie eine mathematische Aufgabe
gelöst.

Ich erkenne mich im Spiegel.
Ich erkenne meine Gesichtszüge.
Das Spiegelbild *bleibt ernst, selbst wenn ich versuche, es
anzulächeln.*

Wer ist dieses Gegenüber?
Wer bin ich?
Wodurch bin ich mit den anderen, mit der Welt
verbunden?

Ich habe keine Antwort.
Mir sind sogar all diese Fragen fremd.
Ich suche etwas, das ich nicht kenne: das Leben, das
Fühlen.
Ist ein Augenbick der Empfindung möglich?
Gibt es einen Trost?

Ich versuche, die Welt mit dem Verstand zu erfassen.
Man macht mir zum Vorwurf, ich hätte bei Mamas
Beerdigung *Gefühllosigkeit an den Tag gelegt.*
Man bezichtigt mich eines Gemütspanzers, der
Interessenlosigkeit an anderen.
Der mangelnden Gefühlsbeteiligung.
Der Unerreichbarkeit.
Der Unberührbarkeit.
Der Distanz.

Mein Leben wird bald beendet sein, aber ich fühle nichts.
Ich bin geboren worden.
Ich war für einige Jahre da.

Nachher werde ich aus dem Leben entfernt.
Das war es dann also!
Das große Umsonst!
Eine abgeschlossene Sache.

Was die anderen fühlen werden, wenn ich nicht mehr da
bin?
Ich kann dazu nichts sagen.

Als die Mutter starb, was habe ich gefühlt?
Auch dazu kann ich nichts sagen.

Wo gehöre ich hin?
Zwar habe ich einen Beruf und eine Wohnung.
Aber ich lebe nur noch in einem Zimmer.
Das Übrige ist verwahrlost.
Das Leben eines Heimatlosen.

Wenn ich die anderen Menschen tanzen und lachen sehe,
dann stehe ich im Abseits.
Ein stiller Beobachter des Lebens, an dem ich nur ganz
am Rande teilnehmen kann.

Ich sehe sie spielen.
Aber ich kann nicht mitspielen.
Ich bleibe ernst.

Ich bin hier nicht beheimatet, weiß nicht, was Heimat ist.
Kann ein gottloser, vaterloser Ort ein Zuhause sein?
Ich gehe hierhin, ich gehe dorthin – es ist überall gleich.
Gleich gut, gleich schlecht, gleich normal.

Inmitten der Menschen fühle ich mich unverbunden.
Nicht einsam, nein.
Nur eben nicht mit ihnen verbunden.
Ich sehe sie, wie auf einer Bühne, wie hinter einer
Glaswand.
Sie sprechen zu mir, aber sie sprechen nicht mit mir.
Ich verstehe sie nicht.
Ich antworte nicht.

Es ist kein Nebel, der mir die Welt der anderen verhüllt.
Nein, ich sehe alles klar.
Aber mir fehlt der Zugang.

Die Welt, in der die anderen leben, ist mir ein Rätsel.
Sie ist mir verschlossen.
Ich gehöre nicht dazu.
Ich bin ein Fremdkörper in dieser Welt.

Es gibt in mir kein Begehren.
Die Tage vergehen einfach.
Ich liebe das Gleichmaß und die Ruhe.
Veränderungen verunsichern mich.
Menschen ängstigen mich.
Denn ich weiß nicht, wie ich mit ihnen umgehen soll.
Sie zeigen eine Initiative – ich folge.

Ob ich einsam bin, wollten sie bei Gericht wissen.
Ich kann es nicht sagen.
Ist es das Gegenteil von Leidenschaft, die ich bei anderen
manchmal beobachten kann?
Von Lust und Lachen, Tanz und Spiel.

Über Fernandel habe ich gelacht, im Film.
Weil er so *komisch*, so eigenartig ist.
Er kann spielen, mit seinen Ideen, mit den anderen.

Ich kenne die Spielregeln nicht.
Ich beherrsche es nicht, das Spiel von Nähe und Distanz.
Ich habe, glaube ich, nie gespielt.

Ich kann berechnen und vergleichen, aber spielen kann
ich nicht.
Es war stets alles gedämpft in meinem Leben.
Gedämpftes Leben, gedämpfte Gefühle.

Der *Stimmenlärm, das grelle Licht.*
Das alles ist mir zu heftig.
Es irritiert mich.

Der überhitzte Sand, die Beckenschläge der Sonne.
Mein *dröhnender Kopf.*
Das sonnenpralle Tageslicht hat mich wie eine Ohrfeige getroffen.
Dazu *das grelle Blau des Himmels.*

So dicht.
So bedrängend.
So bedrohlich.

Es fordert mich.
Erbarmungslos dringt es ein.
Ich kann mich nicht wehren.
Ich verliere mein Gleichgewicht.

Man hat mich im zurückliegenden Jahr den Umständen
entsprechend gut behandelt.
Ich kann mich nicht beklagen.
Es war alles in Ordnung.
Es hat alles gestimmt.
Man hat mich ernst genommen.
Mehr hat sich nicht ergeben.

Was soll sich auch ergeben, wenn man ein Mörder ist.
Was soll sich überhaupt ergeben?

Wünsche?
Kinder haben Wünsche; aber Erwachsene?

Hatte ich Wünsche als Kind?
Ich kann mich nicht erinnern.
Hatte ich eine Sehnsucht?
Ich weiß es nicht.
Gab es Schmerz?
Gab es Traurigkeit?
Gab es glückliche Momente?
Ich kann dazu nichts sagen.

Die Menschen, denen ich begegnet bin, kamen aus dem
Irgendwo.
Und meist entschwanden sie wieder in einem Irgendwo.
Sie haben keine Geschichte.

Auch ich habe keine Geschichte.
Ich bin da, für einen Moment.
Dann bin ich nicht mehr da.
So wie alle anderen, die ich kennengelernt habe.

Ich kann das nicht denken, dass es ein Davor und ein
Danach gibt.
Und dass dies alles miteinander verbunden sein soll.

Es gibt für mich keine Vergangenheit und keine Zukunft.
Es gibt keinen Plan, keine Zusammenhänge.
Darum *erwarte ich nichts von jemandem.*
Es gibt nur Zufälle, unverbundene Zufälle.
Aneinandergereihte unzusammenhängende Ereignisse.

Ich bin ein Mörder aus Zufall.
Doch es wird mir Plan und Absicht unterstellt.
Und ich sei, so sagen sie, n*icht von der Missetat berührt* .
Ich zeige keine Reue.

Ich maße mir kein Urteil an.
Das überlasse ich den anderen, die sich damit auskennen.

Alles ist fremd.
Aber ich lehne mich nicht auf.
Ich nehme hin was kommt.
All das Unverständliche, Unverbundene.

Ich weigere mich zu lügen, obwohl ich weiß, dass die
Lüge das Leben oft vereinfacht.
Dieses Spiel spiele ich nicht mit.
Ich bin ein *anständiger Mensch* - kein Lügner!

Was fordern die Menschen von mir?
Unmögliches!

Sie wollen mich klein sehen, verzweifelt, traurig,
schamvoll, …..
Sie suchen in mir nach Gefühlen.
Sie suchen vergeblich.
Sie verfluchen mich, aber sie verstehen mich nicht.
Es hat alles seine Richtigkeit.
Alles lief ohne mein Zutun ab.

Ich stelle fest.
Ich werte nicht.
Ich halte einen Abstand zu den Dingen und zu den
Menschen.
Ich bin unbeteiligt.
Ich bin Beobachter.
Ich bin frei von Hoffnung und Zuversicht.

Was hält in dieser Welt?
Sind es Personen?
Sind es Fakten?

Vielleicht habe ich deswegen dieses Studium gewählt und
war mit Zahlen beschäftigt.
Zahlen sind mir vertraut.
Tatsachen sind mir vertraut.
In meiner Arbeit war ich, glaube ich, gut.
Weil ich mich um das gekümmert habe, was sichtbar ist.
Ich mag die Ordnung.
Alles andere befremdet mich.
*Das ganze Geheimnis einer guten Organisation ist eine kühle
Betrachtung der Sache.*

Mit Raymond fühlte ich mich für einen Moment
verbunden.
Oder eigentlich war es anders: er fühlte sich mit mir
verbunden.
Jetzt sind wir Kumpel – hat er gesagt.
Und Marie hat gesagt, dass wir jetzt ein Paar sind und
heiraten sollten.

Und mein Chef hat mir gesagt, dass er mir die Leitung
des neuen Büros in Paris anvertrauen möchte.
Und mein Nachbar hat mir gesagt, dass er seinen Hund
vermisst und hat mir die Hand gegeben.
Und der Richter hat gesagt, dass wir uns jetzt öfter sehen.

Es waren immer die anderen, die eine Verbindung
schaffen wollten, zwischen ihnen und mir.
Eine Beziehung, die ich gar nicht wahrgenommen habe.

Ich kann Verbundenheit nicht spüren.
Ich fühle mich den anderen nicht verbunden.
Nicht so, wie sie.
Ich fühle mich auch mir selbst nicht verbunden.
Ich erwarte nichts.
*Sowohl Mama wie ich haben nichts mehr voneinander erwartet,
noch von sonst jemand übrigens.*

Ich verstehe nicht, dass der Untersuchungsrichter sich für
mich interessiert hat.
Warum hat er das gesagt?
Was hat er für ein Interesse an mir gehabt?
Warum haben überhaupt andere Menschen ein Interesse
an mir?

Auch die Zeugen wollten mir wohl Gutes.

Nur einmal war es anders.
Ich hatte *Lust einen Mann zu küssen*.
Aus Dankbarkeit und Ergriffenheit.

Für einen Moment tat sich wohl etwas Väterliches auf.
Für einen Augenblick gab es einen Schimmer von
Vertrauen und Hoffnung.
Dann fiel wieder alles der Leere anheim.
Der Sinnlosigkeit.

Nach meinem Vater hat sich keiner erkundigt.
Als hätte es ihn nie gegeben.

Ich habe einmal meine Mutter nach ihm gefragt.
Sie hat mir nicht geantwortet.
Sie hat den Vater verschwiegen.

Das einzig Zuverlässige, was ich über diesen Mann wusste, war
vielleicht das, was Mama mir damals über ihn sagte:
Er war als Zuschauer zur Hinrichtung eines Mörders gegangen.

Wird er zu meiner Hinrichtung kommen?
Wird er in mir seinen Sohn erkennen?
Wird er trauern?

Wäre mein Leben mit einem Vater anders verlaufen?
Wäre es lebendiger?

Auch der Araber, sagte man mir, sei ohne Vater
aufgewachsen.
Der sei aus Feigheit und Faulheit geflohen.

Der Araber habe auch nur die Mutter gehabt.
Eine Mutter, mit der kein Gespräch möglich war?

Eine verlassene, einsame Frau mit unendlicher
Fühllosigkeit?
Wie meine Mutter?

Ich habe einen Mann getötet - einen möglichen Vater.
Wäre das Leben anders verlaufen, vielleicht hätten wir
beide selber Väter werden können?
Hätten unseren Kindern gute Väter sein können,
verfügbare Väter?
Hätten ihnen ein Vaterland geben können?
Eine Heimat?

Aber vielleicht wären wir auch eines Tages aus der
Familie verschwunden.
Oder wären ermordet worden.
Ein weiterer Schritt in eine vaterlose Zeit.
Eine Zeit ohne Orientierung, ohne Halt, ohne Richtung.
Eine Zeit der leeren, traurigen Müttern.

Zwei vaterlose, richtungslose Männer.
Lebenslänglich Suchende.
Zwei Irrläufer in einem unverständlichen Leben.

Vielleicht braucht es eine Revolte?

Eine Revolte nicht nur gegen die Machthungrigen und
Mächtigen, sondern gegen die schwachen, abwesenden.
bequemen Väter.
Gegen unsichtbare Väter, die ihre Heimat und ihre
Kinder vergessen und verraten haben.

Die verlorenen Väter sind anwesend – durch ihr Fehlen!
Der Ruf nach den Vätern verhallt in der Leere, in der
Vaterlosigkeit, die uns umschließt.

So viele Wünsche an die Väter – so wenig Widerhall.
So viele Kriege, so viele Konflikte.
Weil die Väter versagt haben?

Sie haben die Konflikte nicht gelöst.
Sie haben ihre Kinder vergessen
Sie sind einfach gegangen.

Unsichtbare Väter.
Unfähige Väter.
Angepasste Väter.
Schweigende Väter.
Zu Untertanen erzogen, gaben sie uns keine
Orientierung.

Sie waren uns kein Vorbild.
Sie haben uns nur mangelnde Selbstachtung hinterlassen.

Eine *Hinrichtung ist das einzig wirklich Interessante für einen Menschen.*
Man darf sich weder Suizid noch Hoffnung gestatten.
Man muss das Schicksal anerkennen.

Keine Flucht, auch wenn sie möglich wäre.
Kein Aufbegehren sondern Annehmen.
Erkennen und anerkennen - ohne auszuweichen!

Ist das Schicksal unausweichlich?
Gibt es ein Entrinnen?
Können wir anders entscheiden?
Haben wir eine Wahl?

Sie sagen, es wäre eine Sünde, das Leben nicht zu leben.
Muss man das Sinnlose leben?
Soll es das sein?
Ist das Pflicht?

Vielleicht gibt es eine Traurigkeit ohne Tränen.
Vielleicht gibt es einen Schmerz ohne Gefühl.

Sie werden mich zum Schafott geleiten.
Im Namen des Volkes wird mir auf einem öffentlichen Platz der Kopf abgeschlagen.

Ich werde mich nicht wehren.
Ich habe mich nie gewehrt.

Ich habe das Leben abgelebt – ruhig und ohne
auszuweichen.
Ich habe dem Leben nichts abgewinnen können.
Jeder weiß, dass das Leben nicht lebenswert ist.
Dieses ganze absurde Leben.

Doch alle versuchen, dieses Wissen vor sich und den
anderen zu verbergen.
Nichts hat wirklich eine Bedeutung.
Es gibt keine Hoffnung.

Vielleicht hat mir das Leben nichts gegeben.
Vielleicht habe ich das Leben nicht erwidern können.
Vielleicht habe ich die Möglichkeiten des Lebens nicht
nutzen können.
Ich kann es nicht sagen.

Ich bin den anderen ein Rätsel.
Ich bin mir selbst ein Rätsel.
Mein Leben ist mir ein Rätsel.

Ein Sohn ohne Mutterliebe.
Ein Liebender ohne Liebe.
Ein Mörder aus Zufall.
Ein zufriedener Verurteilter inmitten der *zärtlichen Gleichgültigkeit der Welt*.

Ich bin ein Stein in der Wüste.
Ich habe nicht gelebt.
Ich bin nur für ein paar Jahre dagewesen.
Es ist, als ob es mich nie gegeben hätte.

Bisher erschienen vom Autor folgende Bücher:

. Der Mental-Coach (2008)
. Der Paar-Coach (2009)
. Beziehungsschule – Schule und Beziehung (2011)
. Waldorfschule – Zwischen Wunsch und Wirklichkeit.
  Eine organisationspsychologische Betrachtung (2012)
. Notfallkoffer für die Seele (2015)

Innenwelten:
. Der Fremde / Camus – eine szen. Annäherung (2017)
. Peer Gynt / Ibsen - eine szen. Annäherung (2017)

Der vollständige Erlös aus dem Verkauf aller Bücher
geht an den gemeinnützigen Verein Sascha e.V.
(www.sascha-ev.de), der Hilfsprojekte für Waisenkinder
und mittellose Familien in Liberia, Kenia und Sri Lanka
unterhält und Flüchtlinge unterstützt.

Dr. Gerhard Vilmar
gerhard.vilmar@t-online.de